CODE

DE

LA RÉPUBLIQUE

ET

LA VÉRITÉ

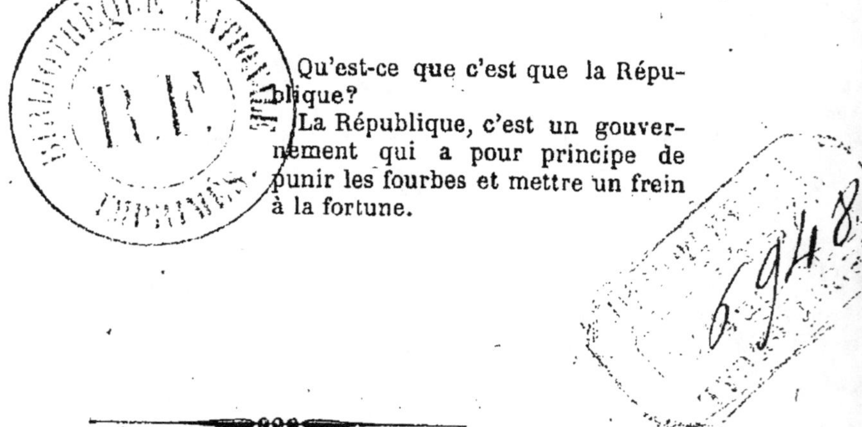

Qu'est-ce que c'est que la République?

La République, c'est un gouvernement qui a pour principe de punir les fourbes et mettre un frein à la fortune.

PARIS

TYPOGRAPHIE LAHURE

9, RUE DE FLEURUS, 9

—

1874

PRÉFACE.

Des personnes disent aux républicains :

« Au lieu de vous plaindre continuellement, pourquoi ne faites-vous pas un Code qui donne une appréciation de vos principes, en sorte qu'on puisse voir et juger si votre régime est meilleur et plus admissible que les autres gouvernements ? Faites donc un Code, qui serve de ralliement à toutes les fractions des républiques divisées, afin que le peuple se guide vers un seul point défini pour combattre les erreurs et les équivoques.

« Dites donc enfin, quel est votre but ? »

Il est évident qu'il n'y a pas à chercher long-temps, pour savoir quel est le but à atteindre.

Dans n'importe quelle forme de gouvernement qui existe, que ce soit une royauté, une dictature ou une république, le vrai but est de perfectionner les hommes, en les rendant forts comme constitution physique et comme moral ou intelligence. Où est donc la preuve qu'une nation est bien dirigée, si ce n'est qu'en voyant ses habitants avec un bon tempérament ?

Voilà donc le seul but qu'on doit atteindre. Toutes les tactiques pour y arriver sont bonnes, du moment que les gouvernants ont bien la pensée d'arriver à ce but.

Dans l'époque où nous vivons, la lumière nous manque pour discerner quelles sont les bases qu'on devrait adopter. Ce n'est pas tout de faire un Code, il faut en donner l'explication et le porter à un point de vue général.

C'est pourquoi j'ai tenté la définition de Dieu, ou de la Nature.

Si la définition de Dieu est claire et logique, mon Code serait donc bon, l'ayant placé à la hauteur et à la même évidence que la Vérité.

Ai-je atteint mon but ?

Mes lecteurs verront si je dis vrai, si je tombe juste sur tous les articles de mon recueil, y compris ceux de la Vérité qui sont à la fin du Code.

Je crois être utile à mon pays, qui a bien besoin de se régénérer, en cherchant à l'éclairer.

D'où proviennent nos turpitudes ?

C'est faute de ne pas savoir ce que nous sommes. Tout le mal est là.

Si cet ouvrage n'est pas employé, du moins je suis persuadé qu'il sera utile comme guide et comme régularité.

Toute personne, de quelque principe et de quelque parti qu'elle soit, pourra y puiser quelque chose qui l'éclairera dans ses données.

C'est dans cette intention que je l'ai fait.

J. Puthod.

LA NATION, LES PROVINCES, LE PRÉSIDENT, LES COMMUNES
ET LES MAIRES

La France sera divisée par provinces, en une vingtaine de parties.

Chaque province nommera son président tous les ans.

Un président ne pourra gouverner qu'un million d'âmes ; si, dans une province, il s'en trouve plusieurs millions, il y aura autant de présidents à nommer que de fractions de millions d'âmes.

Les présidents auront pour charge de faire les lois, de guider leur province dans la ligne de conduite qu'elle doit suivre, et vérifier si les choses marchent comme elles sont prescrites dans la loi.

Les provinces seront divisées par communes. Les villes qui ont une grande étendue, comme Paris et autres, seront divisées par communes qui remplaceront les quartiers et les arrondissements d'aujourd'hui.

Chaque commune nommera son maire tous les ans, en même temps que le président, dans les cinq ou six derniers jours qui finissent chaque année.

Un maire ne pourra gouverner que mille âmes ; ainsi, dans une commune de plusieurs milliers d'âmes, il y aura autant de maires à nommer que de fractions de mille âmes.

Les maires administreront toutes les charges de leur commune ; ils nommeront tous les fonctionnaires dont leur commune aura besoin.

Il n'y aura que les citoyennes et les citoyens mariés qui auront le droit de se porter candidats pour être élus président ou maire.

Quand une même citoyenne ou un même citoyen aura été élu vingt fois pour être président ou maire, il ne devra plus gouverner.

LA CAPITALE DE LA NATION

Au centre de la France, on désignera une ville, ou on en construira une, qui sera la capitale de la nation française.

Il faudra que, toutes les années, les représentants de chaque province se rassemblent dans cette cité, afin de s'accorder entre eux pour la politique à suivre à l'égard des nations étrangères.

Si les représentants ne peuvent s'entendre, ils s'en retourneront chacun dans leur province, et ils feront chacun comme bon leur semblera, pour la marche à suivre envers les pays étrangers.

LES CAPITALES DES PROVINCES ET LES MAIRIES

Chaque province aura sa capitale, qui se trouvera au milieu de son étendue. C'est dans cette ville que siégera le président.

Chaque commune aura sa mairie. C'est à la mairie que devra habiter le maire.

LES INSTITUTEURS

Dans chaque commune, il y aura des instituteurs nommés par les maires.

Les instituteurs seront chargés de perfectionner les enfants, physiquement et moralement; ensuite ils leur apprendront à lire et à écrire.

Chaque instituteur aura sous ses ordres une centaine d'enfants. Il prendra des aides pour faire manœuvrer ses jeunes élèves.

Dans les communes qui auront plusieurs centaines d'enfants, il y aura autant d'instituteurs que de fractions de cent.

Les instituteurs seront les membres de tous les jurys et de toutes les académies de leur province.

LES GENDARMES

Il y aura cinq gendarmes par fraction de mille âmes.

Les gendarmes seront chargés d'observer si dans leur commune il n'y a pas de dégâts dans les rues, dans les jardins, dans les champs, dans les bois, etc.; ils maintiendront le droit et la conduite des citoyens; ils seront chargés de combattre les incendies, et de défendre leur commune contre ses ennemis.

Les gendarmes seront de service pendant le jour et pendant la nuit, dans leur commune seulement. Ils se diviseront leur besogne, de façon qu'il y en ait de service le jour et de service la nuit, à tour de rôle, sans dépasser neuf heures de travail chacun sur vingt-quatre heures, terme de travail qui est le maximum et qu'un citoyen ne doit pas dépasser.

Ce seront les maires qui nommeront les gendarmes de leur commune, et qui recevront leurs rapports tous les jours.

LE TRÉSOR PUBLIC

Dans chaque capitale de province, il sera établi un Trésor public.

Cette administration sera chargée de recevoir les bénéfices du commerce de sa province, et de donner de l'argent aux maires pour les frais de leur commune.

Cet établissement sera également chargé de faire la monnaie.

Les pièces de monnaie qui seront frappées devront porter l'effigie de la nation. Il n'y aura pas de distinction de monnaie entre les provinces sauf à marquer par un petit signe sur les pièces de monnaie les armes adoptées par les provinces où elles auront été frappées.

LE COMMERCE

Toutes les manufactures, toutes les industries, tous les établissements importants, en un mot, tout ce qui concerne le commerce et les administrations, sera dirigé par le gouvernement et lui appartiendra c'est-à-dire aux communes, dont les bénéfices du commerce seront versés dans le Trésor public par les maires.

Les maires nommeront les fonctionnaires pour diriger tous les travaux de leur commune.

Comme les bénéfices du commerce appartiendront au gouvernement, il n'y aura par conséquent pas d'impôts à payer.

Les citoyens seront libres de faire le commerce indépendamment du gouvernement; mais ils ne pourront vendre que ce qu'ils auront annoncé. Tout citoyen qui entreprendra un commerce quelconque, et qui vendra de la fausse marchandise, sera puni comme menteur.

LES MAISONS

Les maisons appartiendront au gouvernement jusqu'à ce qu'elles soient libérées; par exemple : une commune fait bâtir une maison qui lui coûte deux cent mille francs; les habitants de cette maison payeront les logements jusqu'à concurrence de cette somme, et alors la maison ainsi que le terrain appartiendront aux locataires.

LES TERRAINS PUBLICS

Les champs, les bois, les jardins, les châteaux, les routes, etc., qui n'appartiendront pas aux citoyens, appartiendront aux communes.

L'ENTRETIEN DES COMMUNES

Les maires feront entretenir toutes les choses utiles à leur commune, comme les canaux, les égouts, les fontaines, l'éclairage, les ponts, les routes, les rues, etc.

Le Trésor public leur fournira de l'argent, s'ils n'en ont pas suffisamment pour ces besoins.

LES HOSPICES

Dans chaque commune, il y aura un hospice pour soigner les malades, pour nourrir les vieillards et les enfants trouvés et ceux des parents qui n'auront pas pu les nourrir.

Il est entendu que les communes de plusieurs milliers d'âmes auront un hospice grand en proportion de leurs habitants.

LES ÉCOLES COMMUNALES

Dans chaque commune, il y aura une école, près de la mairie, pour instruire les jeunes gens.

Cette école sera également grande en proportion du nombre des habitants de sa commune.

LES NAISSANCES

Quand un enfant naîtra, ses parents devront le faire inscrire sur les registres de la commune, à la mairie. On leur délivrera un acte de naissance portant la date et le jour que l'enfant est né, ainsi que son prénom donné par sa mère ou son père, et son nom de famille.

Afin que l'égalité existe bien entre la femme et l'homme, il faudra que l'enfant porte le nom de famille de la mère, s'il est du sexe féminin, et le nom de famille du père, s'il est du sexe masculin.

LES ENFANTS

Les enfants, jusqu'à l'âge de sept ans, n'auront d'autres soucis et d'autres occupations que de se divertir et de s'amuser; ils feront ce qu'ils voudront, n'auront aucun frein.

Mais arrivés à cet âge, les instituteurs de leur commune commenceront à leur faire faire des exercices de corps, la marche, la gymnastique, l'adresse, etc. Ils manœuvreront pendant la matinée, de neuf heures jusqu'à midi, et ils seront libres jusqu'au lendemain.

Ils pratiqueront ainsi jusqu'à l'âge de dix ans.

A partir de cet âge, ils apprendront à lire et à écrire. Ils travailleront donc le matin, de neuf heures jusqu'à midi, à s'exercer l'intelligence ou le moral, et ils apprendront le soir, de deux heures jusqu'à cinq heures, à s'exercer le corps.

Ils pourront pratiquer jusqu'à l'âge de dix-sept ans, époque de leur majorité.

LA MAJORITÉ

Les jeunes gens qui auront atteint l'âge de dix-sept ans seront majeurs.

A cet âge, où l'on peut comprendre et raisonner, il faudra que les jeunes personnes ayant atteint leur majorité aillent trouver les maires de leur commune, afin que les maires leur demandent ceci :

« Voulez-vous accepter les lois et les mœurs de

votre province ? Voulez-vous faire partie des mêmes citoyens qui l'habitent ? En un mot, acceptez-vous toutes les conséquences qui pourront arriver désormais, et vous soumettrez-vous aux lois qui vous atteindront ? »

Si elles répondent oui, elles seront citoyennes de leur province ; si elles répondent non, on leur donnera de quoi se suffire pendant quelque temps, et on les conduira à la frontière de leur province ; elles seront exilées.

Si les citoyens, par la suite, ne voulaient plus se soumettre aux lois de leur province, on les exilerait également, quand même il y aurait longtemps qu'ils auraient fait vœu d'accepter.

LE VOTE

Les citoyennes et les citoyens pourront voter à leur majorité, à dix-sept ans.

Voici comment on votera :

D'abord le vote ne se fera qu'une fois par an, dans les cinq ou six derniers jours qui finissent l'année. Maintenant, chaque citoyen se rendra à sa mairie, pour retirer un numéro, par exemple : dans une commune de cinq mille votants, il y aura par conséquent cinq mille numéros ; ces numéros seront mis dans un sac ou dans une corbeille ;

chaque citoyen en prendra un et indiquera à côté de ce numéro les personnes qu'il veut élire, ensuite, il le remettra au maire.

En s'y prenant de cette manière, il est impossible de commettre des erreurs et des injustices, car, au dépouillement du scrutin, les maires devront nommer les numéros et ce qu'il y aura d'écrit à côté. Ils devront, en outre, afficher à la porte de la mairie ces numéros et en regard de chacun la pensée qu'ils y auront trouvée.

Pour qu'une personne soit élue, il faudra qu'elle ait plus de bulletins que ses concurrentes. Si les bulletins blancs avaient la majorité, personne ne serait nommé; par conséquent il n'y aurait pas de gouvernants, ou on recommencerait le vote.

Les citoyens n'auront que deux choses à nommer : leur président et leur maire.

Les citoyens n'auront le droit de nommer que des citoyennes ou des citoyens faisant partie de la même province qu'eux. S'ils nomment des personnes étrangères ou d'une autre province, il faudra que ces personnes se fassent naturaliser dans la province qui les aura nommées, pour pouvoir y gouverner.

LE MARIAGE

Les citoyennes et les citoyens s'uniront entre eux comme bon leur semblera.

Ils ne pourront s'unir qu'à leur majorité, à dix-sept ans.

Les citoyennes et les citoyens qui n'iront pas se faire inscrire à leur mairie comme étant mariés n'auront pas le droit de se porter candidats pour être nommés président ou maire.

Les biens entre les époux seront partagés, c'est-à-dire qu'il en reviendra une moitié à la femme et l'autre moitié à l'homme.

L'ÉGALITÉ DE LA CITOYENNE ET DU CITOYEN

Les citoyennes et les citoyens auront les mêmes droits, les mêmes pouvoirs sous tous les genres ; ils ne dérogeront en rien pour la distinction.

L'égalité sera donc établie entre les citoyennes et les citoyens ; ils se devront le respect mutuellement les uns les autres.

LE MAXIMUM DU TRAVAIL

On ne devra pas travailler plus de neuf heures sur vingt-quatre heures, le moment du manger compris ; ainsi par exemple : le matin on commencera à huit heures jusqu'à midi ; de midi à deux heures on sera libre ; à partir de deux heures, on reprendra le travail jusqu'à cinq heures, et on s'en ira pour recommencer le lendemain.

On ne devra pas gagner moins de cinq francs par jour, c'est-à-dire un appoint qui permette à une citoyenne ou à un citoyen de vivre et de se délasser.

Sur les sept jours de la semaine, on en prendra deux pour se reposer : le dimanche et le lundi.

L'ARMÉE ET LA GUERRE

Les citoyens, à l'âge de vingt ans, devront sacrifier un an pour apprendre l'exercice militaire.

Les maires nommeront des instructeurs, pour apprendre l'exercice militaire aux citoyens de leur commune.

Lorsque les présidents voudront faire une guerre à l'étranger, il faudra qu'ils demandent des engagés volontaires pour entreprendre une guerre à l'extérieur de la nation. Il n'y a aucune loi qui force les citoyens à se battre en dehors de leur patrie ; ce sont les citoyens ayant un tempérament guerrier qui entreprennent ce métier.

Les présidents et les maires ne forceront les citoyens à se battre que quand l'étranger viendra leur déclarer la guerre et qu'il envahira la France.

Quand il s'agira de défendre son pays, ce seront les présidents qui nommeront les généraux, qu'ils choisiront dans leur province pour diriger les citoyens à la bataille; et les maires nommeront les capitaines, qu'ils choisiront dans leur commune pour commander ses habitants.

Mais, lorsqu'il s'agira de faire une guerre à l'extérieur de la nation, les soldats volontaires qui demanderont à marcher nommeront eux-mêmes leurs généraux et leurs capitaines.

Si c'est une guerre entre les provinces de la France, les présidents et les maires n'auront pas le droit de faire marcher les citoyens; ce seront également les citoyens volontaires qui se battront.

Quand les provinces de la France se feront la guerre, et que l'une d'elles aura gagné la victoire, il lui sera défendu de garder le terrain qu'elle aurait envahi, ni d'en faire une colonie. L'armée victorieuse n'aura donc que le droit de dévaliser ceux qu'elle aura vaincus.

Si une province venait à vaincre d'autres provinces, et qu'elle ait l'intention de les soumettre, il faudrait que toutes les provinces de la France se soulèvent pour la vaincre; les présidents et les maires, dans ce cas, auraient le droit de faire marcher les citoyens de leur province pour aller combattre la province envahissante et l'empêcher d'arriver à son but.

Tout individu qui voudra agrandir sa domina-

tion en s'emparant du terrain d'autrui sera condamné à mort, et on le pendra.

Il ne faut donc pas qu'une province domine les
autres, afin que les provinces de la France s'équilibrent entre elles pour conserver les mœurs qui
conviennent à leur caractère et à leur tempérament.

L'HÉRITAGE

Lorsqu'une personne mourra, des employés
nommés par le maire de sa commune viendront
vérifier le montant de ses biens.

Si la défunte ou le défunt n'était pas inscrit
à la mairie de sa commune comme étant marié, ou
qu'il fût veuf et qu'il ne laissât pas d'enfants légitimes ou reconnus, ses biens appartiendront au
gouvernement, c'est-à-dire que les espèces, or,
argent et autres valeurs seront versées dans le
Trésor public, et les terrains et les logements qu'il
habitait appartiendront à sa commune.

Si la défunte ou le défunt était inscrit à sa
mairie comme marié, qu'il ne fût pas veuf et qu'il
n'eût pas d'enfants légitimes ou reconnus, sa part
de mariage appartiendra à la veuve ou au veuf vivant. Mais l'héritière ou l'héritier ne touchera pas
plus de *cent mille francs*, si les deux parts réunies
dépassaient ce chiffre; ainsi, par exemple : un des
époux meurt, leur fortune s'élève à cent cinquante

mille francs, ce qui faisait à chacun soixante-quinze mille francs; l'héritière ou l'héritier n'aura le droit de toucher que vingt-cinq mille francs pour arriver à cent mille francs, et ne pas dépasser ce chiffre. Si leur part à chacun d'eux s'élevait au-dessus de cent mille francs, la veuve ou le veuf vivant sera obligé de retirer de sa part le surplus de ce chiffre pour l'abaisser à cent mille francs; par exemple : que la part de chacun des époux s'élève à deux cent cinquante mille francs, l'héritière ou l'héritier retirera de sa part cent cinquante mille francs. Ce surplus, ainsi que la part de la défunte, ou du défunt, appartiendront au gouvernement.

Si la défunte ou le défunt était veuf et qu'il laissât des enfants légitimes ou reconnus, ses biens seraient partagés entre ses enfants. Les héritiers ne pourront également pas toucher plus de cent mille francs chacun, si la fortune à distribuer était considérable.

Si la défunte ou le défunt était inscrit à sa mairie comme marié, qu'il ne fût pas veuf et qu'il laissât des enfants légitimes ou reconnus, sa part de mariage fusionnera avec la part de la veuve ou du veuf vivant, et seront à partager entre la famille, c'est-à-dire la veuve ou le veuf et ses enfants. Les héritiers n'auront le droit également de ne toucher pas plus de cent mille francs chacun, si la fortune à distribuer était grande.

En résumé, il n'y aura que les veuves et les veufs et les enfants des citoyennes et des citoyens morts qui auront le droit d'hériter.

Il est bien entendu qu'ils n'hériteront que jusqu'à *cent mille francs* chacun, ils ne dépasseront pas ce chiffre qui est le maximun de l'héritage.

LES MORTS

Ils seront brûlés.

Des employés nommés par les maires seront chargés de faire cet office.

LA RELIGION

On se contentera de vénérer le Soleil ou le Feu.

Toutes les églises porteront, à leur sommet, un Soleil, comme ceux qu'on élève au milieu des messes, dites par les curés.

Tous les sept jours, c'est-à-dire le Dimanche, de cinq à six heures du matin, il sera fait une cérémonie dans chaque église.

Il n'y aura qu'une seule église par chaque commune. Dans les communes qui seront nombreuses comme habitants, il y aura une église grande en proportion de ses citoyens.

Les curés seront nommés par les maires, pour faire les cérémonies de leur commune.

LA JUSTICE

Ce seront les maires et les instituteurs qui rendront justice aux citoyens de leur commune.

Les présidents pourront gracier les condamnés de leur province.

LE VOL

Quand un citoyen aura volé avec adresse un objet quelconque, il devra le remettre au directeur du Trésor Public.

Le directeur lui donnera la moitié de la valeur de l'objet volé, sans toutefois dépasser la somme de cent mille francs, bien entendu.

Le propriétaire de l'objet volé ira donc le réclamer à cet établissement, qui lui retiendra, comme de juste, le montant du prix qui aura été distribué au voleur.

Si un voleur est pris, au moment où il commet son fait, il sera condamné à un mois de travaux publics.

Tout citoyen qui aura dérobé quelque chose, et qui omettra de le remettre au Trésor Public dans les vingt-quatre heures, sera condamné à un an de travaux publics.

L'ASSASSINAT

Tout citoyen qui aura tué son semblable, sans l'avoir provoqué en duel, sera condamné à cinq ans de travaux publics.

Tout citoyen qui aura tué ou blessé son semblable, soit par accident ou par méchanceté, sera condamné également pour cinq ans de travaux publics.

LE MENSONGE

Il sera expressément défendu de mentir.

Toute personne qui mentira sera condamnée à la peine de mort.

L'exécution se fera sous le coup de midi, dans la capitale de la province du condamné.

La forme pour faire mourir sera la pendaison.

LE DUEL

Il sera permis de combattre sur le terrain : les duels et les guerres à outre-vaillance étant un équilibre ou un besoin chez les êtres animés.

Mais il faudra, pour constater que le duel entre deux personnes n'est pas un assassinat, que des témoins soient présents au combat.

Si un duel a eu lieu entre deux personnes sans témoins, et que le combat n'ait pas entraîné la mort de l'une d'elles, il n'y aura aucune peine à leur infliger. Mais, si l'une d'elles est tuée, la survivante sera condamnée comme assassin; elle subira par conséquent cinq ans de travaux publics.

Dans les duels ou dans les guerres, on n'aura pas le droit de se servir d'autres armes, pour se battre, que l'épée, ou sans armes, la force naturelle du corps simplement. Toutes autres armes seront supprimées, comme la poudre et engins quelconques.

Il est inutile de faire observer qu'on ne se battra à l'épée que quand on aura affaire à des adversaires qui ne se serviront que de la même arme que vous. Si on se bat avec des adversaires ayant une autre arme que l'épée ou la force du corps, il est bien entendu que les armes sont à volonté, c'est-à-dire qu'on doit se servir de n'importe quelles armes et engins qu'il soit possible d'inventer et d'imaginer.

L'ACADÉMIE

Les instituteurs seront les membres de l'Académie française.

Ils corrigeront et professeront la langue de leur nation.

Tous les dix ans, il faudra que les instituteurs de toutes les communes de la France se rassemblent dans la capitale de cette nation, pour discuter et chercher entre eux quelles sont les méthodes pour arriver à perfectionner les enfants et à bien conduire toutes les instructions, dont ils seront les seuls membres et les seuls dirigeants.

LES ARTS

Tous les ans, dans les derniers jours qui finissent chaque année, il se fera une exposition dans chaque capitale de province.

Tous les artistes apporteront leurs sujets, quels qu'ils soient, pour y être jugés, de façon à pouvoir obtenir le prix s'il y a lieu.

Il est entendu que tous les citoyens de la même province pourront concourir à cette exposition. Ils montreront tous leurs talents qui seront beaux et utiles, quels qu'ils soient.

Les instituteurs des communes seront les jurés de leur province. Ils décerneront les récompenses aux citoyens qui les auront gagnées.

Tous les dix ans, il se fera une exposition générale dans la capitale de la France. Toutes les provinces françaises, ainsi que les nations étrangères, pourront y prendre part.

LE CIRQUE

Dans chaque capitale de province, il y aura un cirque qui servira de théâtre pour les spectacles sous tous les genres : la lutte, les combats de taureaux, la course, etc.

Cet amphithéâtre servira aussi pour toutes les distributions.

LA CHASSE

Il ne sera pas permis de tuer les animaux sauvages, quels qu'ils soient, ni de les maltraiter.

Ceux qui voudront chasser devront poursuivre

les animaux, sans armes; s'ils peuvent les attra-
per, ils les amèneront devant les représentants de
leur commune, afin qu'ils justifient devant les
maires de l'adresse des chasseurs.

Les maires, après avoir donné une récompense
aux chasseurs, rendront la liberté aux animaux
sauvages.

LE CALENDRIER

Il faudra que les douze mois de l'année soient
égaux, c'est-à-dire de trente jours chacun. Il restera
donc cinq ou six jours pour finir l'année.

On se servira de ces derniers jours perdus pour
les expositions et les fêtes publiques.

L'année commencera le printemps.

LA VÉRITÉ

> Il n'y a qu'un seul élément.
> Si les astres se dilataient, ils se mélangeraient et deviendraient un élément qui est seul et unique.
> Cet élément serait la moyenne de toutes les extrémités opposées c'est-à-dire la moyenne de la chaleur et du froid, la moyenne des substances dures et dilatées, etc.
> Nous appellerons cet élément du *Feu*.

LE FEU OU DIEU

Il y a deux manières de juger la nature : l'une comme nous l'avons admise, l'autre philosophiquement.

A considérer la nature comme admise, il est évident que le Soleil est le Soleil, que la Terre est la Terre, que la matière est la matière, que le vide est le vide, etc. Mais, à considérer la nature philosophiquement, il n'y a qu'une seule chose ou qu'un seul élément : du *Feu*.

Ainsi donc, tout ce qui existe, tout ce que nous voyons, tout ce que nous touchons, n'est que du Feu.

Lorsqu'on disait, dans l'ancien temps, que la Terre tournait sur elle-même, les hommes étaient étonnés d'une pareille remarque; aujourd'hui, vouloir démontrer que tous les objets différents, animés ou pas animés, sont d'un même élément, c'est une chose aussi difficile à saisir.

Que faut-il pour s'en rendre compte?

Il suffit de condenser les objets ou de les dilater. Si nous condensons les objets, ils se changeront en fluides; si nous les dilatons, ils se changeront également en fluides.

Nous pouvons aussi nous en rendre compte en les analysant. Prenons un objet quelconque, regardons au microscope sa composition : nous y verrons une infinité d'atomes qui le comblent; analysons maintenant chacun de ces atomes; et nous apercevrons alors, que les atômes sont formés par un élément qui n'est ni vide ni matière, comme le Feu.

Quand un objet brûle, il se dilate et se mélange avec les fluides qui composent les corps.

Il n'y a donc qu'une seule chose ou qu'un seul élément : du Feu. Pour bien saisir ceci, il faut comprendre qu'il ne peut y avoir que cet élément. Tous les êtres que nous ne voyons pas et que nous supposons exister, ne peuvent être que du Feu.

Le Feu comble l'infini.

Le vide n'a pas plus raison d'être que la matière.

Prenez une carafe, retirez l'air qu'il y a dedans ; une fois que l'opération sera faite, vous pourriez croire qu'il n'y a plus rien, que c'est un vide complet ; c'est une erreur ; le vide, de même que la matière, sont illogiques : l'air que vous aurez tiré de l'intérieur de la carafe sera remplacé par un fluide subtil ou dilaté.

La distance qui sépare les astres n'est pas vide, elle est remplie par le Feu dilaté ou rayons des astres, que nous appelons éther.

Quand les astres se condensent, ils se changent en fluide ; voici pourquoi :

Une fois que les rayons, en se concentrant sur un même point, sont arrivés à un certain degré de densité, ils se liquéfient et reviennent en se dilatant.

Si les astres venaient à se dilater entièrement, ils se joindraient et rempliraient l'espace qui se trouve entre eux. L'immensité étant ainsi comblée, nous supposerions qu'il ferait nuit ; c'est une erreur ; la nuit n'a pas plus raison d'être que le jour : il ferait comme au crépuscule, la moyenne du jour et de la nuit. La moyenne serait de même pour la chaleur et pour le froid : il ferait comme au commencement du printemps.

Le Feu est la moyenne de toutes les extrémités contraires et différentes.

LES ASTRES

Comment se fait-il que le Feu ait pu prendre la forme de tous les corps qui roulent dans l'immensité ?

C'est par sa pesanteur.

Avant que le Feu se soit concentré sur plusieurs points, il était égal dans toute l'immensité. L'immensité étant ainsi comblée, il est facile de comprendre qu'il n'y avait ni haut ni bas et que le centre était partout, puisque l'infini n'a pas de bornes. Alors le Feu, pesant sur lui-même, était forcé de se diviser en plusieurs parties plus ou moins grosses ; chaque partie, à son tour, pesant sur elle-même, se concentrait sur un même point, qui est le centre de pesanteur de leurs rayons : c'est ce qui fait l'attraction ou la pesanteur.

Ces globes de feu ainsi formés, il se trouve entre eux un espace comblé par leurs rayons dilatés, qui les lient en se combinant.

Il faut savoir que tous les corps de la nature, quels qu'ils soient, animés ou pas animés, ont leurs rayons. Les rayons sont les fluides dilatés qui lient les corps entre eux et qui les influencent par leur combinaison, dont le siége ou le centre de pesanteur se trouve au milieu de l'objet d'où ils émanent. Les rayons ont plus ou moins d'étendue, selon que l'objet d'où ils sortent est plus ou moins dense. Si nous ne distinguons pas bien les rayons qui se trouvent entre les corps de la Terre, c'est parce qu'ils sont éclipsés par ceux du Soleil, qui sont plus denses qu'eux.

Tous les astres se renvoient leurs rayons, qui est leur force répulsive ; cette force les empêche de se rejoindre ou de se dilater. La force répulsive provient de la force attractive ; la force attractive provient de la pesanteur du Feu ou de ses rayons. Chaque fois que les rayons d'un corps viennent à tomber par leurs poids au centre de son volume ou le centre de leur pesanteur, le choc qu'ils se donnent par leur rencontre les repousse en sens contraire ; les rayons, revenant sur leurs pas, tendent à se dilater, mais ils sont de nouveau repoussés vers leur centre de pesanteur, par la rencontre des rayons émanant des autres corps célestes.

De ces deux forces, attractive et répulsive, il en résulte que les astres ne peuvent se concentrer tout à fait et se dilater entièrement.

Il est donc à remarquer que si les astres existent, c'est parce qu'ils s'influencent les uns les autres.

Les rayons des petits astres, combinés avec ceux des gros, se laissent entraîner vers le centre de pesanteur des rayons des gros astres, qui est donc le centre de gravité des rayons des petits corps, et dont ils se maintiennent à distance par la force de leur mouvement tournant, provenant de la combinaison de la force attractive et répulsive de leurs rayons.

Ainsi par exemple : les satellites tournent autour des planètes et les planètes autour du Soleil, qui est donc plus gros à lui tout seul que toutes ses planètes réunies. Le Soleil, avec son cortége, roule dans l'immensité entre les autres systèmes solaires, comme les courants dans les mers.

Plus les rayons d'un astre se rapprochent de leur centre de pesanteur, plus ils se condensent, parce que le Feu ou rayons qui est au-dessus d'eux, pèse d'avantage au fur et à mesure qu'ils tombent sur leur centre de pesanteur.

Tous les astres, ayant un mouvement régulier, sont forcés d'avoir des couches plus ou moins denses, qui les enveloppent à une certaine distance de leur centre; voici pourquoi :

Quand les corps tournent sur eux-mêmes, ils mélangent ou combinent alternativement leurs rayons avec ceux des autres corps, et à l'espace opposé bien plus dilaté, que nous appelons la nuit; ainsi par exemple :

La Terre tourne sur elle-même, en vingt-quatre heures; dans ce laps de temps, elle a combiné ses rayons avec ceux du Soleil et avec l'espace dilaté qui en est privé; il arrive donc que les rayons de la Terre, après avoir éprouvé ceux du Soleil qui les dilataient, se condensent lorsqu'ils s'en séparent. C'est donc de cette combinaison alternative des rayons de la Terre avec ceux du Soleil, par leur mouvement régulier, que proviennent les fluides compactes, tels que l'eau, l'air, etc., et les couches dures que nous voyons tout autour de la Terre. Il en est de même pour tous les corps qui tournent sur eux-mêmes.

Le Soleil a aussi des couches qui l'enveloppent, comme les planètes qui tournent autour de lui. Le Soleil est une grosse planète. La lumière ou chaleur qu'il nous donne, c'est l'impression de ses rayons plus denses que les nôtres, par rapport à leur masse, qui nous fait ressentir cette lumière ou chaleur.

Les planètes qui tournent autour du Soleil ont, par leurs rayons concentrés sur lui, la même influence qu'il exerce sur elles : elles lui rendent leurs rayons, qui équilibrent les siens.

Le Soleil, tournant sur lui-même, reçoit les rayons concentrés de toutes ses planètes, sur une partie de son volume, tandis que les autres parties en sont privées ; c'est donc de cette combinaison alternative des rayons des planètes et des siens que proviennent les couches qui entourent le Soleil. Nous pouvons remarquer les couches du Soleil, malgré ses rayons concentrés, difficiles à percer, pour arriver à distinguer exactement ses couches.

Comme la constitution du Soleil est identique à

celle de ses planètes, il est par conséquent habité.

Il est facile de comprendre pourquoi un corps se refroidit : c'est la chaleur concentrée sur une de ses parties qui en est la cause ; car, du moment que les fluides ou rayons qui composent un corps se sont combinés avec les rayons d'un autre corps qui les dilataient, il est évident qu'ils se condenseront lorsqu'ils en seront séparés. Si la Terre ne combinait plus ses rayons avec ceux du Soleil, nous verrions fondre les montagnes de glace.

Au fur et à mesure que les astres se refroidissent, ils se rapprochent vers ceux autour desquels ils tournent. S'ils se rapprochent ainsi, c'est parce que les fluides qui les composent, étant pétrifiés à une certaine distance de leur centre de pesanteur, ne peuvent plus se dilater et se concentrer à volonté comme avant, pour pouvoir se maintenir à distance avec les autres astres, en tournant sur eux-mêmes.

Ainsi donc, la Lune se rapproche de la Terre et la Terre se rapproche du Soleil :

Quand les planètes seront refroidies entièrement, elles tomberont sur le Soleil, qui est leur centre de gravité. Une fois que l'union sera faite entre le Soleil et ses planètes, ils ne formeront plus qu'un seul corps. Par conséquent, comme les rayons de ce corps ne seront pas assez influencés par les rayons des autres corps, vu la distance trop considérable qu'il y aura entre eux, il arrivera que ses rayons et ses substances dures se concentreront d'abord par leur pesanteur, et quand ils seront condensés à un certain degré, ils se dilateront entièrement.

Ce corps, une fois dilaté, reviendra donc à un seul élément. Cet élément remplira la même étendue qu'il occupait, lorsqu'il n'était pas transformé en Soleil, en planètes et en satellites.

Cet élément ou ce Feu se concentrera de nouveau par sa pesanteur en plusieurs portions plus ou moins grosses, qui se dilateront pour se concentrer encore, et ainsi de suite pendant toute l'éternité.

Il en est de même pour tous les autres systèmes solaires qui pullulent dans l'infini : ils se concentrent et se dilatent alternativement.

Pour connaître exactement les mouvements des astres, il suffit de lire Newton et les autres astronomes. Ici nous voulons nous occuper de chercher d'où provient la nature.

LES COULEURS

D'où provient que nous voyons les objets d'une couleur différente?

C'est parce que les atomes qui les composent sont plus ou moins denses et plus ou moins composés de fluides que de substances dures ou molles de la Terre.

Les couleurs, ce sont les sentiments ou fluides ou rayons dont notre âme est formée, qui distinguent tous les objets. Nos impressions et les couleurs, c'est la même chose.

Nous savons que les rayons de notre âme sont combinés avec les rayons de tous les objets qui nous entourent ; il arrive donc que les compositions différentes des objets influencent nos fluides ou sentiments d'une façon identique à leur distinction, et les objets par conséquent nous donnent des impressions ou couleurs différentes.

Si un liquide est aussi dense qu'un autre sans avoir la même couleur ou la même qualité, c'est parce qu'il est plus ou moins composé de fluides que de substances molles de la Terre ; ainsi par exemple : du poison, qui produit un effet si puissant sur les animaux, est un composé de fluides condensés, tandis que le sang est un composé de fluides et de substances molles de la Terre. Il arrive donc que quand le poison vient à se mélanger avec le sang, bien moins subtil que lui, il se dilate par l'effet de la chaleur du sang, et empoisonne toute l'économie.

Une feuille n'aura pas la même couleur dans toutes ses parties, du moment qu'elles sont plus ou moins denses : le côté d'une feuille tourné vers les rayons du Soleil sera plus dilaté que celui qui en sera privé.

Si les fleurs sont si brillantes, c'est parce que les fluides et les substances molles de la Terre qui les composent sont dilatés. Si nous les voyons avec plaisir, c'est que nos rayons, après avoir éprouvé la dureté des corps durs, se reposent et trouvent une affinité avec la verdure, qui est une dilatation émanant des fluides différents combinés entre eux plus ou moins avec les substances molles de la Terre.

Si la nuit est si froide, cela provient de ce que nos rayons, après avoir éprouvé ceux du Soleil qui les dilataient, se condensent lorsqu'ils en sont privés. Ce sont donc les privations alternatives des objets qui nous les font voir ou ressentir : si nous n'avions jamais éprouvé les rayons du Soleil, nous ne connaîtrions pas la nuit.

Sachant que les couleurs sont nos impressions, il est alors facile de comprendre d'où provient la couleur du Soleil ; qu'elle provient de la puissance qu'il a par la concentration de ses rayons, bien plus denses que les nôtres, qui nous donnent cette impression ou couleur du Soleil.

Voici pourquoi la Lune nous paraît si agréable par l'impression de ses rayons : nos rayons, après s'être combinés avec les rayons puissants du Soleil, deviennent tempérés lorsqu'ils se combinent avec ceux de la Lune, bien moins denses que ceux du Soleil. Les rayons de la Lune se combinent avec ceux du Soleil, qu'elle reflète en se combinant avec ceux de la Terre.

Une preuve invincible que nos impressions et les couleurs c'est la même chose, et qu'elles proviennent de ce que les objets sont plus ou moins denses, il suffit de condenser les substances ; ainsi, par exemple : si nous condensons de la terre, elle deviendra du fer ; si nous condensons le fer, il deviendra de l'argent ; si nous condensons l'argent, il deviendra de l'or ; si nous condensons l'or, il deviendra du platine ; maintenant, si nous voulions condenser le platine, il deviendrait du fluide.

Chaque changement de volume des métaux nous ferait ressentir une autre impression ou couleur.

Nous avons dit que si nous voulions rendre le platine plus dense, il deviendrait du fluide, voici pourquoi : une fois que les rayons d'un objet sont arrivés à un certain degré de densité, ils sont forcés de se liquéfier et de revenir en arrière en se dilatant, puisqu'ils ne peuvent plus avancer vers leur rencontre ou centre de pesanteur qui les repousse. C'est ce qui arriverait si nous voulions rendre le platine plus dense : il se dilaterait, ne pouvant devenir plus compacte.

Pourquoi les chimistes n'ont-ils jamais pu trouver le moyen d'analyser l'or et d'en faire ? C'est qu'ils n'ont toujours eu que l'idée de dissoudre les substances ou de les décomposer. Qu'ils fassent tout le contraire ; qu'au lieu de dissoudre les objets ils les condensent ; qu'ils inventent des machines assez fortes pour pouvoir condenser les corps durs. Une fois qu'ils pourront rendre les corps plus compactes, ils s'apercevront alors que, s'ils n'ont jamais pu décomposer l'or et les autres métaux, c'est parce que tout corps dense, à un certain degré, a une tendance à revenir à un seul élément, que nous avons appelé du Feu.

Il y a deux moyens de rendre les objets à un seul élément : c'est en les condensant et en les dilatant.

C'est la chose la plus difficile d'arriver à saisir d'où émanent les couleurs ; mais aussi, une fois qu'on l'a comprise, il n'y a plus rien qui puisse nous étonner et nous paraître extraordinaire. Les couleurs, ce sont elles qui nous influencent le plus et qui nous déroutent dans tout ce que nous cherchons.

LES COUCHES DE LA TERRE

Nous avons dit que les couches qui entourent les globes provenaient de la combinaison de la chaleur et du froid ; mais pourquoi sont-elles à une distance aussi grande de leur centre de pesanteur, comme la Terre, par exemple, dont les couches sont à quinze cents lieues environ du centre de pesanteur de ses rayons ou du centre de son volume? Voici d'où cela provient :

Lorsque les rayons du Soleil se combinent avec ceux de la Terre, ils s'arrêtent à une certaine distance de son centre, ne pouvant pénétrer davantage, puisqu'ils sont repoussés par la puissance répulsive des rayons de la Terre. Les couches de la Terre sont donc l'endroit où les rayons du Soleil s'arrêtent du centre de pesanteur des rayons de la Terre. Il en est de même pour les taches et les couches du Soleil : elles se trouvent où les rayons de la Terre et des autres planètes, combinés avec ceux du Soleil, s'arrêtent de leur centre de gravité ou du centre de pesanteur des rayons du Soleil.

L'eau est la première couche qui a été formée. L'eau est un fluide liquéfié; c'est la condensation alternative des rayons du feu de la Terre par la rencontre de ceux du Soleil qui a produit l'eau.

Quand la couche d'eau a été formée, elle a circulé autour de la Terre par la puissance attractive et répulsive des rayons de la Terre combinés avec ceux du Soleil. Il arrivait donc que l'eau, après s'être combinée avec les rayons du Soleil qui la dilataient en lui faisant prendre la forme de l'air dans les régions où les rayons du Soleil tombaient d'aplomb sur elle, c'est-à-dire à l'équateur, se condensait en se changeant en glace lorsqu'elle en était privée, c'est-à-dire lorsqu'elle approchait des pôles où les rayons du Soleil ne tombaient pas d'aplomb sur elle.

Quand l'eau, l'air et la glace ont été formés par la combinaison alternative des rayons de la Terre avec ceux du Soleil, le feu du centre de la Terre, en sortant de la couche d'eau par la puissance répulsive de ses rayons, produisait une vapeur bouillante qui s'est condensée par sa rencontre avec la pesanteur de l'eau. C'est cette condensation de vapeur qui a produit les couches plus ou moins dures de la Terre.

Les précipices et les montagnes proviennent du soulèvement des couches par leur rencontre avec l'eau.

Les couches sont plus ou moins denses, étant plus ou moins rapprochées de leur centre de pesanteur. Elles sont superposées et ne forment alors plus qu'une seule couche.

La couche de la Terre est un composé d'atomes. Les rochers, les corps compactes, tels que l'or, l'argent, etc., sont des atomes rapprochés et condensés par les rencontres des fluides avec les substances dures pendant leur formation.

Les corps transparents, tels que le diamant, le cristal, etc., sont des fluides condensés également par les chocs des fluides avec les corps durs.

Si la couche de la Terre provient de la combi-

naison de la chaleur et du froid, les substances
différentes qui la composent proviennent de la
même cause ; les atomes qui se trouvent dans le
fond d'un précipice n'ont pas la même densité
que ceux qui se trouvent sur le haut d'une mon-
tagne, la température n'étant pas la même.

LES VÉGÉTAUX

Quand la couche dure de la Terre a été formée,
les fluides de sa surface se sont combinés avec elle
et ont produit une couche d'argile ou terre
molle.

La terre molle, en continuant de se combiner
avec les fluides, s'est dilatée en prenant la forme
de l'herbe, durant l'attraction de la combinaison
de l'eau et de l'air avec les rayons du Soleil, c'est-
à-dire pendant le jour.

Lorsque la terre molle a commencé à prendre
la forme de l'herbe, cette herbe était devenue tel-
lement épaisse que les fluides qui la composaient
ne pouvaient plus agir pour la tranformer ; ils ont
donc été forcés de se condenser dans l'intérieur de
la terre molle pour faire un vide entre eux. Ces
fluides condensés, ou ces âmes, se sont de nouveau combinés avec la terre molle et en sont res-
sortis, par leur dilatation, pour prendre la forme

de la végétation, c'est-à-dire les plantes, les arbres, etc.

Nous avons dit que tous les corps de la nature avaient leurs rayons. Les corps de la Terre, de même que les astres, sont doués d'une force attractive et d'une force répulsive, provenant de la pesanteur de leurs rayons. Les végétaux s'influencent donc les uns les autres par ces deux forces, en combinant leurs rayons ou fluides entre eux.

Comme les végétaux sont la combinaison des fluides et de la terre molle, il arrive qu'en se formant ils peuvent être composés de plus de fluides que de terre molle, comme ils peuvent être composés de plus de terre molle que de fluides ; c'est ce qui distingue les plantes femelles et les plantes mâles : les plantes qui ont plus de fluides que de terre molle sont les plantes femelles, et celles qui ont plus de terre molle que de fluides sont les plantes mâles.

Les fluides et les substances dures et molles qui composent la Terre sont équilibrés, autrement leur combinaison serait impossible. Par conséquent, si la combinaison des fluides et de la terre molle n'avait pas lieu, les êtres animés ne pourraient se former, puisqu'ils sont la production de cette combinaison.

Ainsi donc, quand une plante croît et qu'elle est composée de plus de fluides que de terre molle, cela provient de ce qu'il y en a une autre qui est

composée de plus de terre molle que de fluides.
Toutes les plantes de la Terre réunies égalisent la
puissance des fluides et des substances molles de
la Terre qui les composent. Si dans un jardin
il n'y a que des plantes composées de plus de
terre molle que de fluides, il arrivera que dans un
autre jardin ou dans une autre partie de terrain
quelconque il n'y aura que des plantes composées
de plus de fluides que de terre molle. Il faudra
donc que ces plantes s'unissent entre elles pour
être bien constituées ; c'est pour cela que leurs
rayons ou fluides ont une tendance à se combiner
entre eux pour équilibrer leur composition.

Les plantes femelles attirent à elles par leurs
rayons composés de plus de fluides que de terre
molle les rayons des plantes mâles composées de
plus de terre molle que de fluides, puisque les
fluides sont plus élastiques, plus subtils, plus forts
et plus mobiles que la terre molle.

Pour qu'un arbre produise des fruits, il faut
que ses rayons ou fluides se rencontrent avec ceux
d'un autre arbre, car il n'y a que les rencontres
ou combinaisons qui sont la cause des productions
ou transformations. De même que les nuages, en
se rencontrant dans les airs, condensent les fluides
qui produisent la foudre, de même les végétaux,
en se rencontrant par leurs rayons, condensent les
fluides combinés avec la terre molle, en les rassem-
blant à leurs racines, par l'attraction de la combi-

naison de leurs fluides, afin qu'ils produisent une séve assez forte de façon qu'elle ressorte, en se dilatant, aux extrémités de leurs branches pour prendre là forme des fleurs ou des fruits identiques à la composition de la combinaison des arbres d'où ils émanent.

Plus la combinaison des arbres est égale, plus ils ont de puissance.

Les végétaux ne peuvent se ressembler, les fluides et les substances, de la couche de terre molle qui les composent sont plus ou moins denses, étant plus ou moins à la vue des rayons du Soleil.

LES ANIMAUX

Il s'agit maintenant de connaître d'où proviennent les animaux, dont nous faisons partie.

C'est toujours par la combinaison.

De même que chez les végétaux, il y a deux choses chez un animal : une âme composée par des fluides et un corps composé par des substances molles de la Terre.

L'âme d'un animal est une combinaison des fluides des végétaux, et son corps est également une combinaison des substances de la terre molle, ayant déjà composé les végétaux.

Quand les végétaux ont commencé à pousser

sur la Terre, les fruits et les fleurs qui ressortaient de leur séve se sont combinés avec la terre molle et ont produit les insectes, les vers, les moucherons, les chenilles, etc. Ces insectes étaient devenus si nombreux qu'ils avaient fini par remplacer les végétaux, en sorte que les substances qui composaient les végétaux s'étaient transformées en insectes. Ces insectes ont donc été forcés de se condenser, en se mangeant les uns les autres, pour faire de la place autour d'eux. Ce sont ces condensations d'insectes différents qui ont formé les animaux plus ou moins gros, qui vivaient primitivement.

Le cœur ou âme d'un animal est le centre de pesanteur de ses rayons ou fluides. Il est par conséquent doué d'une force attractive et d'une force répulsive : la respiration est le mouvement régulier de ces deux forces.

Comme l'âme d'un animal est très-susceptible par rapport à sa condensation très-puissante, il arrive qu'elle est forcée d'attirer à elle des substances pour amortir les rayons des autres objets, qui autrement la dissoudraient. C'est pourquoi les animaux mangent continuellement. Plus un être animé est à la vue des regards des objets, plus il a d'appétit. Ainsi donc, un prisonnier qui n'a que quatre murs autour de lui a bien moins d'appétit que s'il était en plein air.

Les sens, tels que la vue, l'odorat, l'ouïe, etc.,

sont les canaux par où l'âme laisse échapper le plus de ses rayons. Les sens sont à l'égard des animaux ce que sont les fleurs à l'égard des végétaux.

Le cerveau est le centre de pesanteur des sens. C'est par le cerveau que le cœur reçoit toutes les impressions différentes. Le cerveau joue le même rôle que l'estomac : l'estomac digère et élabore les aliments ou substances molles de la Terre avant de les envoyer au cœur ; le cerveau digère et élabore également les impressions ou fluides avant de les envoyer au cœur. C'est pourquoi, lorsqu'il nous arrive un malheur ou un bonheur, nous en ressentons l'effet bien longtemps après, parce que l'impression, avant d'arriver au cœur, a dû passer par le cerveau.

La différence de sexe chez les animaux provient de la même cause que chez les végétaux : les animaux composés de plus de fluides que de substances molles de la Terre sont les femelles, et les animaux composés de plus de substances molles de la Terre que de fluides sont les mâles.

La structure des sexes provient de leur composition : les femelles ont une forme qui concorde à leurs fluides plus forts que leurs substances molles de la Terre, et les mâles ont également une forme qui concorde à leurs substances molles de la Terre plus fortes que leurs fluides.

Les femelles attirent à elles les mâles, puisque

les fluides sont plus subtils, plus forts et plus mobiles que les substances molles de la Terre. Les êtres femelles sont à l'égard des êtres mâles ce que sont les Soleils à l'égard des planètes.

Si nous faisons la comparaison des atomes ou les corps de la Terre avec les astres, cela a raison d'être, puisqu'ils sont formés d'un même élément que nous avons appelé du *Feu*. Les corps de la Terre se transforment comme les astres qui roulent dans l'espace dilaté. Si leurs mouvements ne se ressemblent pas exactement, c'est en rapport de leur grosseur et de ce qu'ils sont plus ou moins denses ; mais c'est toujours la même puissance qu'ils ont, c'est-à-dire qu'ils sont doués, tous sans exception, d'une force attractive et d'une force répulsive.

Si le mouvement existe, c'est la distinction que les corps ont entre eux qui en est la cause. Si tous les corps de la nature avaient la même grosseur et la même densité, le mouvement n'existerait pas.

Pour que les animaux produisent, il faut, de même que les végétaux, qu'ils se rencontrent entre eux par leurs rayons ou fluides. Ainsi donc, quand un être animé se forme, cela provient de ce qu'une partie des fluides de la surface de la Terre, qui composent les âmes de tout ce qui se transforme, se sont rassemblés sur un même point par l'attraction puissante de la combinaison des fluides concentrés par la rencontre d'une femelle et d'un mâle.

Quand deux animaux se rencontrent, et qu'à eux deux réunis leurs fluides sont plus forts que leurs substances de la Terre molle, il arrive qu'ils produiront des êtres femelles ; et si leurs substances de la terre molle sont plus fortes que leurs fluides, ils produiront des êtres mâles.

Si des familles ont tous leurs enfants d'un même sexe, c'est parce qu'il y en a d'autres qui ont leurs enfants du sexe opposé aux leurs.

Plus la combinaison de deux êtres réunis est équilibrée, plus ils sont puissants ; par conséquent ils produiront beaucoup.

Pour qu'un animal soit bien constitué, il faut donc que les fluides et les substances de la terre molle qui le composent soient équilibrés. C'est pourquoi les animaux, n'ayant pas par eux-mêmes cette égalité, ont une tendance à se combiner ou à s'unir entre eux pour échanger leur composition.

Voilà donc d'où proviennent nos maladies morales et physiques ; si nous n'avons jamais pu trouver leurs remèdes, c'est parce que nous ne connaissions pas exactement leur source.

Si les nations dégénèrent et tombent, c'est l'inégalité de la femme et de l'homme qui en est la cause ; car si les hommes n'ont pas leurs sentiments ou impressions ou fluides équilibrés ou influencés, il est évident qu'ils n'auront aucun frein et qu'ils ne pourront vivre régulièrement.

Pour que les sentiments des hommes soient équilibrés, il faut évidemment qu'ils s'adonnent à une religion ou une passion quelconque, pour compenser l'influence des femmes, afin qu'ils puissent se soutenir en eux-mêmes, comme les arbres se soutiennent à la terre par leurs racines.

Si nous voyons des personnes si extraordinaires dans leurs mœurs : menteuses, vaniteuses, avares, fanatiques, etc., cela provient de ce que les sentiments de ces personnes ayant dérogé dans leur jeunesse n'étaient pas équilibrés par la suite ; elles ont donc été forcées, pour ne pas mourir, de se forger des passions qui les influencent ou qui les équilibrent.

Quand nous voyons mourir une personne de consomption ou d'un coup de sang, cela provient de ce que les fluides et les substances molles de la terre qui la composaient n'étaient pas équilibrés ; il aurait donc fallu que cette personne soit unie avec une autre ou qu'elle se soit adonnée à une passion quelconque, pour pouvoir s'équilibrer par elle-même.

Notre sang étant la combinaison des fluides et des substances molles de la terre, il en résulte que si cette combinaison n'est pas égale, le sang se décompose ; par conséquent quand il fait chaud, il se dilate facilement et amène la fièvre ou un coup de sang, et, quand il fait froid, il se condense facilement et amène la maladie de poitrine.

Les rayons ou fluides d'un être animé ont plus ou moins d'étendue, selon que le cœur d'où ils émanent et qui est leur centre de pesanteur, est plus ou moins dense. Les rayons d'un animal jouent le même rôle que les rayons des astres : le cœur, par ses rayons qui le protégent tout autour de son corps, refoule les autres fluides et la pesanteur de l'air qui l'écraseraient sans la force de ses rayons.

C'est pourquoi les personnes qui sont à la vue de tous les regards, comme les acteurs par exemple, sont sujettes à être indisposées facilement. Si les acteurs sont si souvent malades et s'ils meurent de bonne heure, cela provient de ce que sur la scène où ils jouent, ils reçoivent tous les rayons ou fluides différents des personnes qui les regardent. Cette concentration de rayons sur la personne qui est le point de mire a pour résultat de pénétrer dans son sang et de l'affaiblir en le décomposant. Si les acteurs ont besoin de se précautionner de ces accidents, ils n'auront qu'à se frotter les parties du corps avec une pommade ou une huile adoptées pour amortir les fluides électriques, comme les gladiateurs dans les temps jadis avant qu'ils aillent combattre.

Les personnes qui seront embarrassées pour savoir quel est le régime qu'il faut suivre pour prévenir ces sortes de maladies n'auront qu'à étudier la méthode Raspail, qui consiste à s'adonner au camphre ayant le don de paralyser les vers.

Quand un être animé vient à mourir, c'est que tous les rayons ou fluides qui composent son âme se sont concentrés au cœur où est leur centre de pesanteur. Il arrive donc que quand les fluides ou sentiments d'un animal se sont concentrés au cœur, les atomes qui forment la substance du corps n'étant plus combinés avec eux, se divisent, et le corps se trouve décomposé comme les cadavres que nous voyons. Les fluides ou âme, de leur côté, n'étant plus combinés avec les substances du corps, se dilatent et se mélangent avec les fluides de la surface de la Terre.

Si les fluides d'un animal se concentrent au cœur, c'est parce que les atomes qui forment son corps ou sa couche, étant pétrifiés par la vieillesse, ne sont plus aussi mobiles qu'avant pour pouvoir se combiner avec les fluides afin qu'ils s'équilibrent.

Les fluides de la surface de la terre reprendront une autre forme quelconque, quand les substances déjà formées, c'est-à-dire les végétaux et les animaux, se rapprocheront entre eux par l'union des sexes et détermineront par leur combinaison une puissance attractive qui rassemblera les fluides pour leur faire prendre une forme identique à leur composition.

Si les êtres animés se transforment ainsi, c'est

le mouvement qui en est la cause, puisque le mouvement c'est la transformation.

Si les impressions existent, c'est la diversité des objets qui en est la cause. Si les objets se ressemblaient tous, nous ne les verrions pas, et par conséquent nous n'aurions pas d'impressions, puisque les couleurs et les impressions c'est la même chose.

LES HOMMES

Comment avons-nous été formés? De quoi sont composés notre âme et notre corps?

Notre âme est la combinaison de toutes les âmes ou fluides des animaux, et notre corps est également une combinaison des substances molles de la Terre ayant déjà composé des végétaux et des animaux.

Lorsque les animaux primitifs avaient commencé à remuer sur la Terre, ils ont procréé et sont devenus si nombreux que les végétaux ne pouvaient suffire pour les nourrir; ils ont donc été forcés de se restreindre en se dévorant les uns les autres. Ce sont ces élaborations condensées d'animaux différents qui ont produit les animaux plus perfectionnés, tels que les lions, les tigres, les chevaux, les races d'hommes plus ou moins belles, etc.

Pourquoi n'avons-nous jamais pu savoir ce que nous étions ? C'est parce que nous nous sommes toujours crus personnels, seuls et uniques au monde. Cependant, si nous analysions les fluides qui forment notre âme, nous y verrions une composition de tous les fluides différents des animaux ; il en serait de même pour notre corps, nous y trouverions une composition de toutes les substances molles des animaux.

Considérant notre âme comme nous venons de l'expliquer, il est alors facile de comprendre pourquoi nous sommes forcés d'avoir tous les instincts ou caractères différents et de ressentir toutes les impressions, puisque nos fluides ou âme sont composés par ceux des différents animaux.

Si nous avons l'avantage d'avoir les bons instincts des animaux, nous avons également leurs mauvais instincts, en sorte que nous sommes susceptibles de devenir plus perfectionnés qu'eux et de descendre au-dessous d'eux.

Les animaux ne changent jamais dans leurs mœurs. Les mœurs des animaux sont la moyenne des nôtres, c'est sur elles que nous devons nous guider, comme pivot, quand nous nous écartons de notre route.

Notre corps est la forme que prend notre âme, dont elle est susceptible d'avoir, c'est-à-dire que nous devenons plus ou moins fort, beau et intelligent, selon que les rayons ou fluides qui composent notre âme sont plus ou moins denses.

Comme notre âme est une combinaison de celles des animaux, il arrive qu'elle prend la forme qui puisse faire tous leurs mouvements. Notre corps a ce résultat : il peut vivre sur terre, sur l'eau et au besoin dans l'air.

Notre cerveau est également une combinaison de tous les cerveaux des animaux. Notre cerveau étant un résumé de toutes les pensées des animaux, il en résulte un ensemble que nous appelons intelligence.

L'ÉQUILIBRE DE LA NATURE

D'après ce que nous venons de définir, nous avons remarqué qu'il n'y a aucune préférence pour quoi que ce soit, c'est-à-dire que les êtres animés n'ont pas plus d'avantages d'être ce qu'ils sont que s'ils étaient corps immobiles, puisque les corps durs et les corps animés sont formés d'un même élément ou d'une même âme. Les hommes, par exemple, qui sont les êtres les mieux perfectionnés de la nature, sont-ils pour cela plus préférés? Pas plus qu'un rocher. Si nous recevons de bonnes impressions, c'est parce que nous en recevons de mauvaises. Nous n'avons pas plus raison d'être heureux que d'être malheureux. Ainsi donc, quand nous éprouvons du bonheur, ça tient à deux choses : que nous avons travaillé ou que nous avons éprouvé du malheur; si nous sommes malheureux, ça dépend également de deux choses : que nous n'avons pas travaillé ou que nous avons éprouvé du bonheur.

S'il y a des hommes qui ont leur âme élevée, c'est parce qu'il y en a d'autres qui ont leur âme dégradée.

Pourquoi serions-nous heureux ou malheureux sur la Terre? qu'aurions-nous fait?

Certaines personnes croient être plus habiles quand elles jouissent de leur existence sans se donner de la peine, et qu'elles vivent par conséquent aux dépens des autres. Ç'est une erreur qu'elles se font; elles ne sont pas plus habiles que les personnes qui sont dupées; car, quand un individu vient à mourir, si les fluides qui composent son âme n'ont pas racheté entièrement dans leur vie les plaisirs en bonnes impressions qu'ils reçoivent par les sens, ils éprouveront des impressions opposées ou mauvaises, quand ils se mélangeront avec les autres fluides de la surface de la terre, et qu'ils seront par conséquent dépourvus du corps auquel ils recevaient des impressions par les sens seulement. Ces fluides ou âme se purifieront de la même façon qu'un verre de vin jeté dans l'Océan : ils reviendront à la même égalité en s'abaissant de tous les écarts qu'ils avaient faits pendant leur transformation en corps animé. Par contre, les fluides d'un individu qui auront reçu pendant leur vie plus d'impressions mauvaises que de bonnes éprouveront un plaisir quand ils se détacheront du corps et qu'ils reviendront à l'égalité qui ne leur avait pas été reconnue avant.

Pour que notre existence soit régulière, il faut que nos impressions différentes, bonnes et mauvaises, soient égales; autrement la mort les équilibrera.

Sachons donc bien que nous ne disparaissons pas une fois que nous sommes morts. Si nous éprouvons un plaisir de vivre, c'est parce que les fluides, ou sentiments qui composent nôtre âme, se trempaient avant qu'ils aient pris notre forme, et qu'après notre mort ils se transformeront de nouveau.

Il est facile de comprendre pourquoi les fluides qui composent notre âme reviennent à la vie sous des formes quelconques, après notre mort : notre âme, en se mélangeant avec les autres fluides, se dilate et ne forme plus qu'une seule âme. Il arrive donc que ces fluides ou âme ne se divisent que quand ils se transforment en végétaux et en corps mobiles. Nous devons donc comprendre que toute la végétation, tous les animaux, toutes les substances, tous ceux que nous aimons et ceux qui nous dégoûtent, dépendent les uns des autres? et qu'ils reviendront à l'unité ou à l'égalité quand ils se mélangeront ou mourront.

Il en résulte que quand nous voyons une personne éprouver du plaisir ou de la souffrance, c'est comme si c'était nous qui l'éprouvions ; et si nous n'en ressentons pas les effets de suite, c'est parce que nous ne sommes pas encore uni avec elle ; mais une fois que nos fluides seront combinés avec les siens, nous en ressentirons les effets.

Que devons-nous faire, quel rôle devons-nous jouer et quel régime devons-nous suivre?

Nous devons suivre le régime qui convient à notre tempérament, et travailler pour être heureux.

Nous connaisons les hommes, nous savons qu'il rentre dans leur nature d'avoir tous les caractères ou instincts différents ; il faut donc que les gouvernements, quels qu'ils soient : une royauté, une dictature, une république, etc., permettent aux citoyens toutes les libertés, afin que tous les tempéraments puissent agir et manœuvrer. Les gouvenements n'auront donc qu'à perfectionner tous les genres, voir si l'égalité concorde avec tout ce qui existe, et empêcher les factions envahissantes de dominer les autres.

Chaque fois qu'un gouvernement a pour système d'avoir des préférences pour certaines opinions, il est sûr de s'écrouler par la décomposition du peuple qu'il a régi.

Pour qu'une nation subsiste ou ne dégénère pas, il faut qu'elle puisse se transformer et avoir du mouvement comme tous les corps de la nature. Quand un peuple reste toujours sous un même régime ou une même opinion, il finit par s'ennuyer, et l'ennui c'est comme la prison, puisque c'est l'immobilité des sentiments ou fluides qui composent notre âme, qui se trouvent affaiblis par l'impuissance d'agir faute de liberté ou d'impressions différentes.

FIN.

TABLE DES MATIÈRES.

CODE DE LA RÉPUBLIQUE.

LA VÉRITÉ.

FIN DE LA TABLE.

Typographie Lahure, rue de Fleurus, 9, à Paris.

www.ingramcontent.com/pod-product-compliance
Lightning Source LLC
Chambersburg PA
CBHW061312060726
47596CB00003B/856